Duendes

Grace Hansen

Abdo
EL MUNDO DE LOS SERES MITOLÓGICOS
Kids

Abdo Kids Jumbo es una subdivisión de Abdo Kids
abdobooks.com

abdobooks.com

Published by Abdo Kids, a division of ABDO, P.O. Box 398166, Minneapolis, Minnesota 55439.

Printed in China

052024

092024

THIS BOOK CONTAINS RECYCLED MATERIALS

Spanish Translator: Maria Puchol

Photo Credits: Alamy, Everette Collection, Getty Images, Granger Collection, Shutterstock PREMIER

Production Contributors: Teddy Borth, Jennie Forsberg, Grace Hansen
Design Contributors: Candice Keimig, Pakou Moua

Library of Congress Control Number: 2023950224

Publisher's Cataloging-in-Publication Data

Names: Hansen, Grace, author.

Title: Duendes/ by Grace Hansen

Other title: Elves. Spanish

Description: Minneapolis, Minnesota: Abdo Kids, 2025. | Series: El mundo de los seres mitológicos | Includes online resources and index

Identifiers: ISBN 9798384902140 (lib.bdg.) | ISBN 9798384902706 (ebook)

Subjects: LCSH: Elves--Juvenile literature. | Mythical animals--Juvenile literature. | Folklore--Juvenile literature. | Legends--Juvenile literature. | Spanish language materials--Juvenile literature.

Classification: DDC 398.2454--dc23

Contenido

El mito del duende

Los duendes son un tipo de **criatura fantástica**. Tienen las orejas puntiagudas. Principalmente aparecen en el **folklore** del norte de Europa.

Duendes escandinavos

Cuando la gente piensa en duendes, pueden venir a la mente dos seres opuestos. Uno de ellos es **delgado** y grande como los humanos. Su piel brilla como el sol y puede vivir cientos de años.

Estos son los duendes que suelen aparecer en la **mitología escandinava**. Pueden ser de ayuda o dañinos para los humanos.

Los cuentos **nórdicos** hablan de una tierra de duendes cerca de los dioses. Otros mitos cuentan que los duendes viven en reinos y éstos pueden ser bosques, praderas o árboles.

Otros duendes

El otro tipo de duende es un ser diminuto. Suelen ser criaturas amables y felices, que les gusta ayudar con las tareas de los humanos.

Otros pueden ser misteriosos y malvados, que incluso roban a la gente. En algunas historias usan magia para hacer el mal y provocar enfermedades.

En la mitología alemana, los duendes se posan en el pecho de la gente mientras duermen. Esto les causa pesadillas. En alemán pesadilla es *alpdrücken*, significa presión de duende.

En algunas historias se advierte de que los duendes pueden robar bebés. Los **niños cambiados** son los bebés que los duendes cambiaban por otros.

Los duendes de hoy

Hoy en día los duendes son criaturas muy conocidas. La mayoría son alegres y muy serviciales. Algunos trabajan en árboles haciendo galletas y otros fabrican juguetes en el Polo Norte.

from
Santa

La mitología y los duendes modernos

Dobby
Harry Potter

- Servicial
- Con poderes mágicos
- Hace tareas para los humanos

Legolas
El Señor de los Anillos

- Del Bosque Negro
- Tiene poderes especiales
- Solo puede morir luchando
- Su piel brilla

Puck
Sueño de una noche de verano de Shakespeare

- De buen corazón y travieso
- Con poderes mágicos
- Disfruta con las bromas crueles

Glosario

criatura fantástica – ser mitológico, como hadas, duendes, trolls, presentes en el folklore de muchas culturas europeas. Suelen tener apariencia humana y poderes mágicos.

delgado – flaco, esbelto.

folklore – historia y formas de vivir de la gente de un lugar o país concreto.

mitología escandinava – folklore de Dinamarca, Noruega, Suecia, Islandia y de las Islas Feroe. Comparten raíces con tradiciones de otros países de Europa.

niño cambiado – hijo de un hada secretamente intercambiado por un bebé humano y robado por una criatura fantástica.

nórdico – relativo a los países del norte de Europa o Escandinavia.

Índice